**mommy**

äiti

**boy**

poika

**daddy**

isä

**girl**

tyttö

# 1

**one**

yksi

# 2

**two**

kaksi

# 3

**three**

kolme

# 4

**four**

neljä

# 5

five

viisi

# 6

six

kuusi

# 7

seven

seitsemän

# 8

eight

kahdeksan

# 9

nine

yhdeksän

# 10

ten

kymmenen

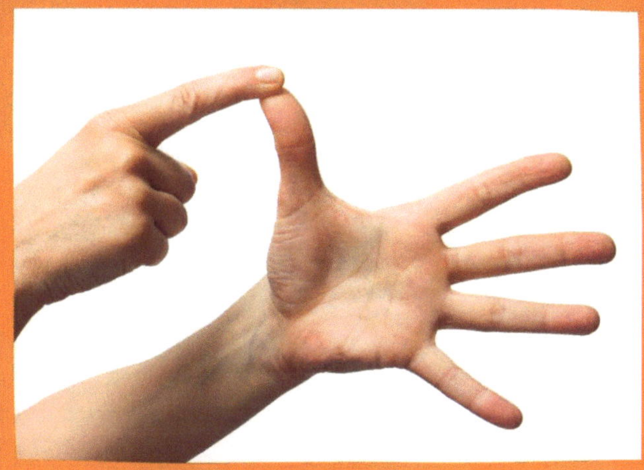

**count**

laskea

**write**

kirjoittaa

**draw**

piirtää

**paint**

maalata

**circle**

ympyrä

**rectangle**

suorakulmio

**square**

neliö

**triangle**

kolmio

star
tähti

black
musta

white
valkoinen

brown
ruskea

**red**

punainen

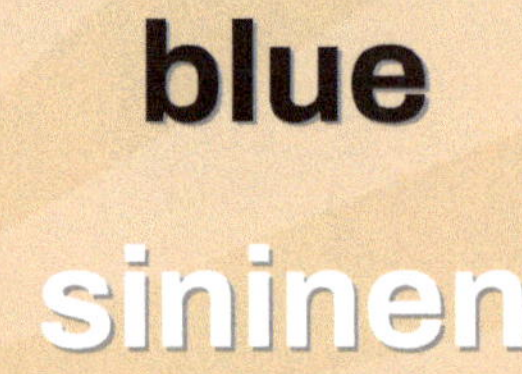

**blue**

sininen

**green**

vihreä

**yellow**

keltainen

**purple**

violetti

**gray**

harmaa

**orange**

oranssi

**pink**

vaaleanpunainen

**apple**

omena

**banana**

banaani

**pineapple**

ananas

**watermelon**

vesimeloni

**pear**

päärynä

**grapes**

viinirypäleet

**mango**

mango

**peach**

persikka

**strawberry**

mansikka

**cherry**

kirsikka

**orange**

appelsiini

**coconut**

kookospähkinä

**lemon**

sitruuna

**mushroom**

sieni

**corn**

maissi

**tomato**

tomaatti

**pumpkin**

**kurpitsa**

**cucumber**

**kurkku**

**carrot**

**porkkana**

**potato**

**peruna**

**zucchini**

**kesäkurpitsa**

**spinach**

**pinaatti**

**cauliflower**

**kukkakaali**

**egg**

**kananmuna**

**plate**

lautanen

**spoon**

lusikka

**knife**

veitsi

**fork**

haarukka

**cake**

kakku

**baby bottle**

tuttipullo

**candies**

karkkeja

**cheese**

juusto

**drink**

**juoda**

**eat**

**syödä**

**hot**

**kuuma**

**cold**

**kylmä**

**small**

pieni

**big**

iso

 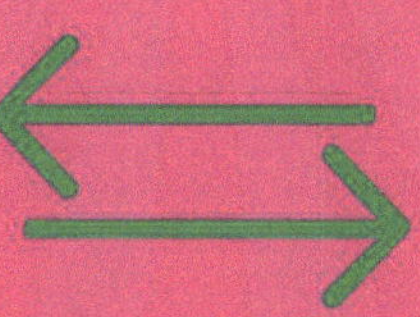 

**short**

lyhyt

**long**

pitkä

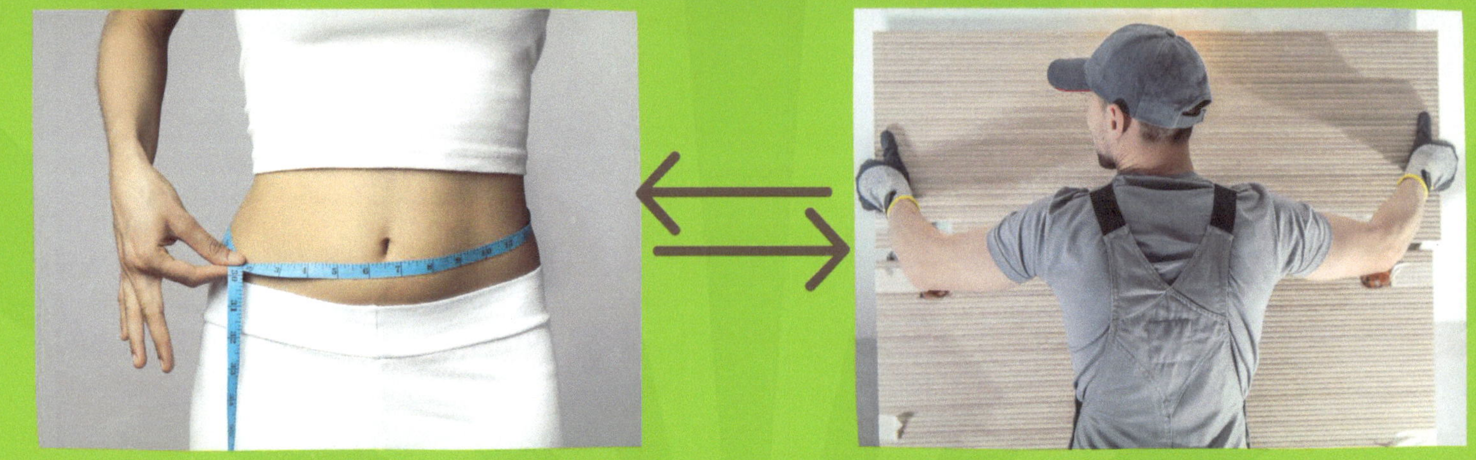

**thin**

ohut

**large**

suuri

**easy**

helppo

**difficult**

vaikea

**stand up**

seisoa

**sit down**

istua

**sweet**

**makea**

**salty**

**suolainen**

**heavy**

raskas

**light**

kevyt

**in**

sisällä

**out**

ulkona

**dirty**

likainen

**clean**

puhdas

**close**

kiinni

**open**

auki

**pencils**

kynät

**clock**

kello

**key**

avain

**book**

kirja

**bed**

sänky

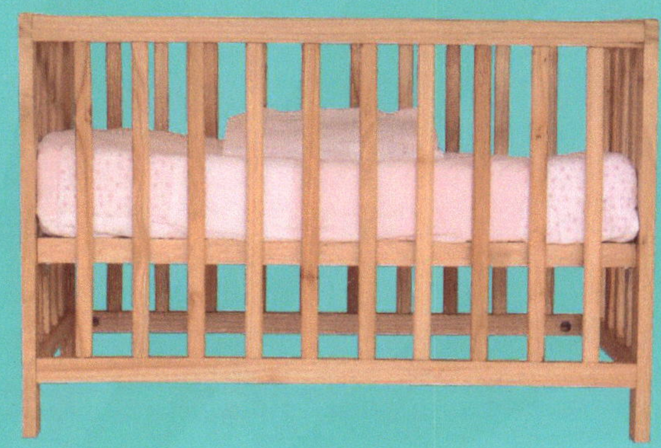

**crib**

pinnasänky

**table**

pöytä

**chair**

tuoli

**car**

**auto**

**bike**

**polkupyörä**

**plane**

lentokone

**boat**

vene

**train**

juna

**helicopter**

helikopteri

**firetruck**

**paloauto**

**firefighter**

**palomies**

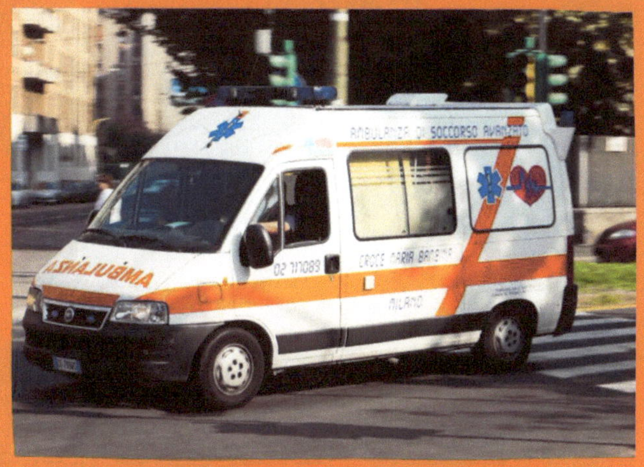

**ambulance**

ambulanssi

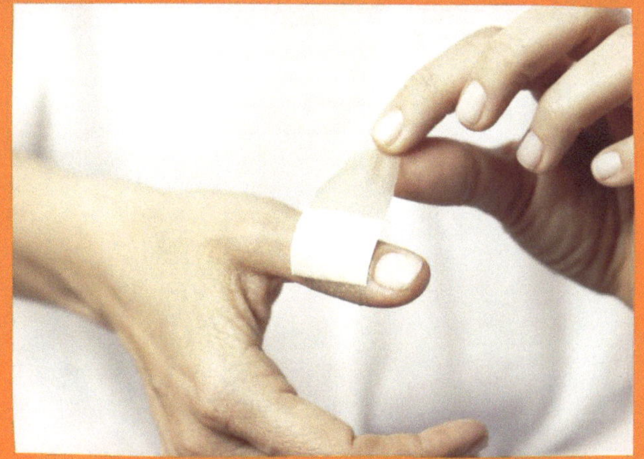

**bandage**

side

**paramedic**

ensihoitaja

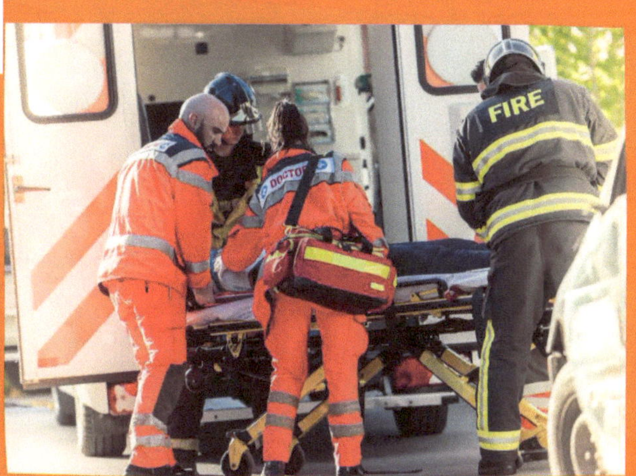

**rescue team**

pelastusryhmä

**forest**

metsä

**mountain**

vuori

**grass**

ruoho

**sand**

hiekka

tree

puu

flower

kukka

butterfly

perhonen

ant

muurahainen

**cat**

kissa

**dog**

koira

**horse**

hevonen

**mouse**

hiiri

**cow**

lehmä

**pig**

sika

**sheep**

lammas

**duck**

ankka

**goose**

hanhi

**rabbit**

jänis

**fish**

kala

**vet**

eläinlääkäri

**doctor**

lääkäri

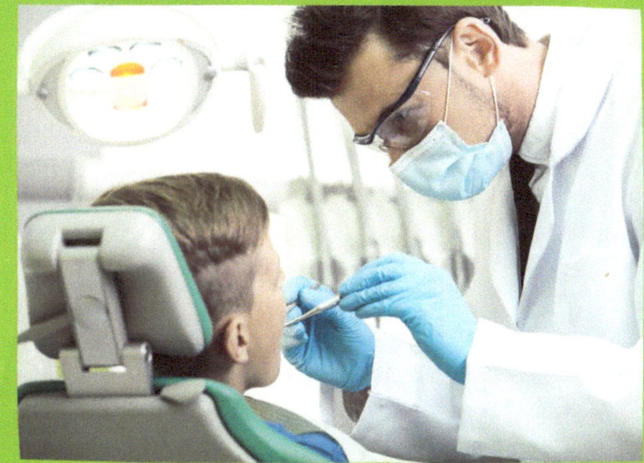

**dentist**

hammaslääkäri

**pharmacist**

apteekkari

**nurse**

sairaanhoitaja

**head**

pää

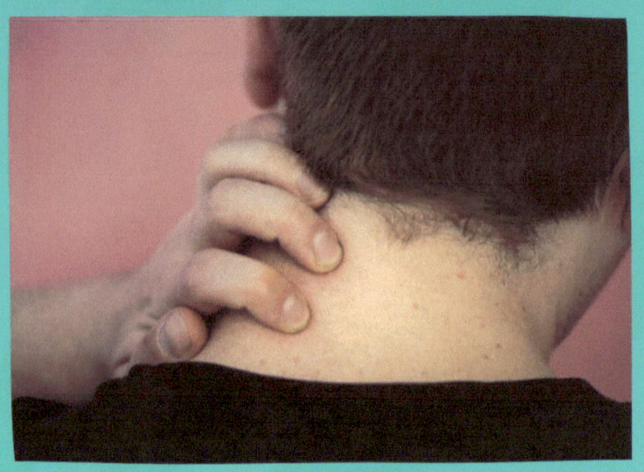

**neck**

kaula

**foot**

jalka

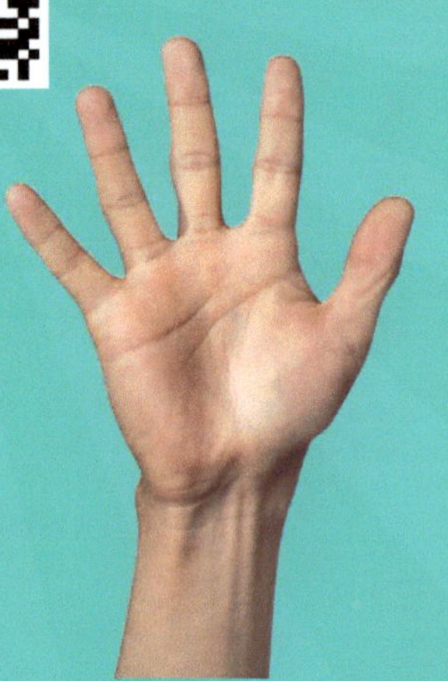

**hand**

käsi

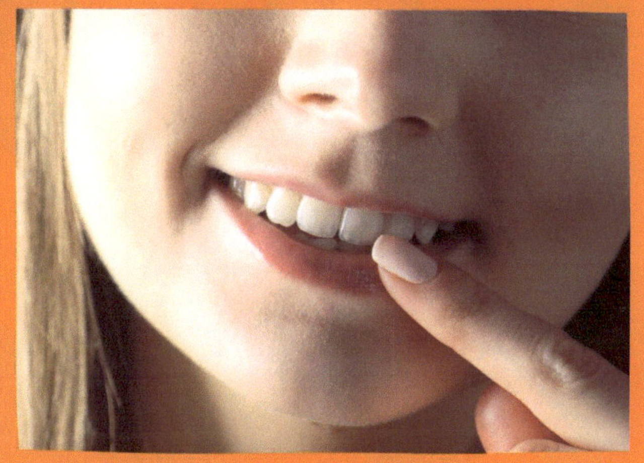

**teeth**

hampaat

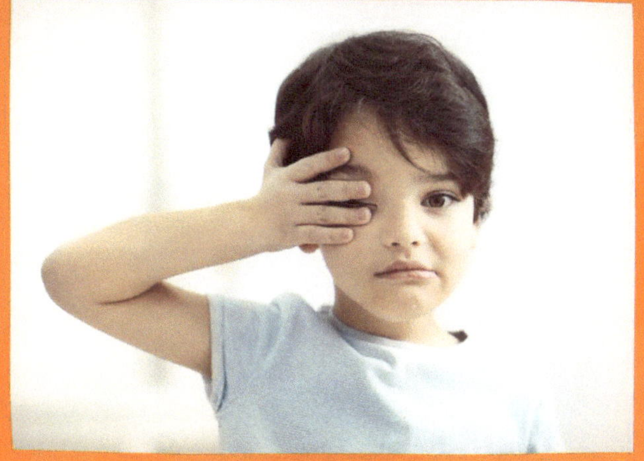

**eye**

silmä

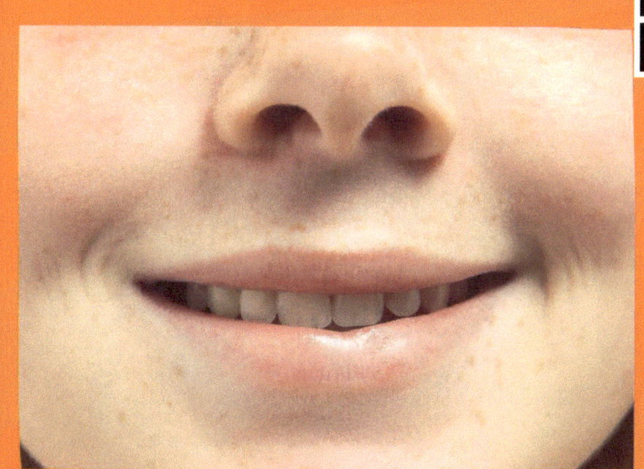

**mouth**

suu

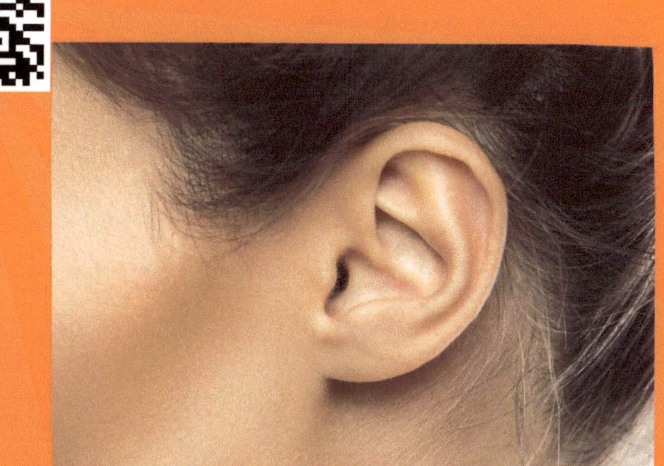

**ear**

korva

**hat**

hattu

**pants**

housut

**dress**

mekko

**shoes**

kengät

**coat**

takki

**scarf**

huivi

**umbrella**

sateenvarjo

**glasses**

silmälasit

**sun**

aurinko

**cloudy**

pilvinen

**rainy**

sateinen

**moon**

kuu